APERÇU

SUR

LA RÉVOLUTION

DE 1815.

A PARIS,

CHEZ **RENARD**, LIBRAIRE, RUE CAUMARTIN, N°. 12.

1815.

APERÇU

SUR LA RÉVOLUTION

DE 1815.

Les dernières années du règne de Louis XVI avaient offert à la France le terrible exemple des malheurs qui sont presque toujours la suite d'une excessive bonté dans les monarques. Placés par la Providence à la tête des peuples, ils sont là pour les régir, pour les gouverner; et du moment où ils consultent un autre sentiment que celui de la justice et de leur pouvoir, du moment où ils opposent la clémence à la révolte, l'histoire des nations leur présage leur chute. Celle du malheureux Louis XVI précipita la France dans un abîme de maux. Chaque faction se disputa alternativement les rênes du pouvoir; renversées tour à tour les unes par les autres, des jours d'anarchie, de sang et de mort furent le partage de cette nation naguère si heureuse! Enfin vint un homme qui plaça audacieusement sur sa tête la couronne de Saint-Louis : je laisse à l'histoire le soin de peindre cet homme qui, aussi remarquable par son heureuse étoile que par son impudent charlatanisme, étonna l'univers et vit à ses pieds les rois de la terre..... Au moment où je trace ces lignes, sa verge de fer opprime de nouveau la France, et je pleure sur la honte de ma patrie.

Accablée par vingt-cinq ans de révolutions successives, réduite à la dernière extrémité d'épuisement et de misère par quinze ans du despotisme le plus absolu, la France combattait encore pour l'insatiable ambition d'un homme, devant lequel Attila et Néron avaient perdu toute leur renommée. Le Français prodiguait encore autour de sa capitale ce sang qui avait rougi la terre depuis les colonnes d'Hercule jusques aux déserts glacés de la Moscovie; jamais, depuis que l'histoire a tracé les malheurs des nations, un aussi effrayant spectacle n'avait frappé le monde : les peuples en masse avaient envahi la France; sa capitale était entourée, sa destruction paraissait inévitable..... Le tyran devenait plus insensé à mesure qu'il voyait approcher le jour de sa chute : loin de vouloir écouter les propositions que la modération inspirait à des ennemis triomphans, il osait encore dicter des lois, comme aux jours où la victoire couronnait ses drapeaux. Sourd à la voix de l'humanité, le malheur des peuples, le sang qui coulait par torrens, l'humiliation, la destruction de la France, rien ne toucha l'âme du barbare. Impassible au milieu des ruines et du carnage, il était comme le prince des ténèbres quand il fut précipité de la voûte céleste, orgueilleux farouche et sans remords. Mais le jour de la rétribution semblait être arrivé : le souvenir des fils de Saint Louis, l'amour des fils d'Henri IV se manifestaient dans tous les cœurs; la France exprima son vœu, les monarques alliés l'entendirent, et promirent à un peuple qui réclamait son Roi, de le lui rendre avec la paix et le bonheur. La capitale reçut dans son sein vingt peuples différens, et, grâces à la magnanimité des vainqueurs, la tranquillité publique ne fut pas un instant troublée.

Cependant, le tyran était à quelques lieues de cette capitale, ayant avec lui vingt-cinq mille hommes sur lesquels il pouvait compter pour prolonger encore la lutte : il avait encore dans le midi une armée attachée à sa destinée, mais les jours de l'arrogance étaient passés... Effrayé du vœu de la France, il ne songea plus à se défendre; le soin de sa vie l'occupa tout entier :

il ne sut pas mourir de la mort des braves, et
ce fut alors que ce pygmée, qui avait toujours
voulu jouer le rôle de grand homme, parut dans
toute sa petitesse. Vrai roi de théâtre, il cessa
de l'être au dernier acte de la tragédie ; il aban-
donna lâchement une armée qui aurait tout fait
pour lui ; il implora la grâce de ces mêmes vainqueurs qu'il avait tant de fois outragés ; et du
moment qu'on lui dit que ses jours seraient con-
servés, et que l'argent serait le prix de ses sacrifices, il consentit bassement à toutes les humiliations qui lui furent imposées. Il traversa la
France au milieu des imprécations générales :
partout, sur son passage, il recueillit la haine
des peuples et les malédictions de cette nation
qu'il avait si long-temps opprimée ; près de Marseille ; il ne dut sa vie qu'au soin qu'il prit de
se travestir pour échapper à la fureur des Pro-
vençaux, et quand on apprit qu'il avait enfin
quitté la France, tout être qui avait un peu de
prévoyance et de souvenir, regarda la conser-
vation de son existence comme un présage funeste.

Je n'envisagerai pas si, dans cette circonstance, la clémence des monarques alliés ne fut
pas une erreur bien condamnable : ils avaient
des outrages de tout genre à venger : l'homme

qu'ils avaient vaincu avait porté le fer et la flamme jusque dans les contrées les plus reculées de leurs empires ; sans provocation, il avait été le meurtrier des nations , il avait trempé sa main dans le sang des rois ; tout ce qu'il y avait de grand , tout ce qu'il y avait d'auguste parmi les enfans des hommes, avait été par lui ou trompé ou flétri ; le pontife du Très-Haut avait vu ses cheveux blancs couverts d'opprobres ; sa vieillesse , ses vertus, rien n'avait touché l'âme de l'impie.... Arraché de son palais pendant une nuit obscure, livré à d'infâmes sicaires , ses mains affaiblies par l'âge avaient été chargées de chaînes ; traîné de cachots en cachots , il unissait ses larmes à celles d'un roi qui régnait naguère sur les deux mondes, et qui maintenant, victime de la plus noire trahison, gémissait aussi dans les fers de l'usurpateur du trône de Saint-Louis..... Le ciel demandait un grand acte de justice ; sa voix ne fut pas entendue, et dès lors de nouveaux malheurs durent être prévus. Ils ne pensèrent pas, ces monarques au cœur droit et sans fiel, que l'indulgence pour le crime est quelquefois elle-même un nouveau crime ; ils ne virent que l'infortune là où ils auraient dû voir la preuve de la vengeance céleste ; et, par une fausse magnanimité, l'homme qui aurait dû terminer ses jours dans les supplices, eut sa vie conservée et fut placé au centre de l'Europe, pour en redevenir encore l'effroi.

Mais n'anticipons point sur les événemens. Peignons ce que fut la France dans ce jour de bonheur où elle se vit délivrée de son cruel tyran ; l'ivresse fut générale : d'un bout du royaume à l'autre, l'on n'entendit que des cris de joie et d'amour. Le midi de la France surtout, ce midi qui n'avait pas attendu la chute de l'oppresseur pour exprimer son vœu, ce midi se livra à tous les transports de l'allégresse et de l'espérance. Toutes les classes de citoyens se réunirent ; divisions, esprit de parti, tout fut oublié ; la bannière des lis rapprocha tout le monde. Une douce sécurité prit la place du sombre désespoir : les mères virent croître sans crainte ces enfans sur l'avenir desquels elles n'avaient naguère que de larmes à verser ; les vieillards purent espérer que leurs fils les inhumeraient en paix dans les tombeaux de leurs pères, et qu'à leurs derniers momens ils béniraient leur famille autour d'eux assemblée : le citoyen paisible compta sur la protection des lois, le cultivateur ne douta plus de recueillir le fruit de ses travaux : l'artiste vit dans la sûreté de tous l'avantage de sa profession : le commerçant vit s'ouvrir devant lui une carrière réparatrice des pertes qu'il avait éprouvées : l'homme d'état fut sûr d'honorables récompenses, le riche put jouir en paix de sa fortune, la religion quitta ses habits de deuil, comme aux jours où Sion fut consolée, et chacun put obéir sans honte au sceptre paternel du descendant de vingt rois.

Une seule classe ne partagea point l'enthousiasme général des Français, cette classe fut l'armée.... Une longue absence l'avait rendue étrangère aux vœux et aux besoins de sa patrie. Depuis long-temps elle en était éloignée, et elle ne vit dans la nécessité où elle se trouva d'y rentrer, qu'une humiliation pour ce qu'elle appelait la gloire de la France. Le courroux général des nations l'avait forcée d'abandonner ces conquêtes, où les dépouilles des vaincus formaient la fortune des vainqueurs ; dotations, titres, principautés, tout s'évanouissait devant la masse imposante de la colère des peuples ; ces hommes qui ne parlaient que de leurs exploits, et qui avaient établi une ligne télégraphique d'oppression et de douleur depuis Moscow jusqu'à Cadix, frémissaient de rage en se voyant dans la nécessité de subir la loi de l'étranger. Le retour des Bourbons qu'ils ne connaissaient pas, ne fit rien sur eux ; la joie d'une patrie qu'ils ne connaissaient plus leur parut une insulte, et le bonheur des Français fut troublé par l'air sombre et farouche de ces guerriers dont le courage eut, dans d'autres temps, inspiré la confiance.

La partie pensante de la nation vit cette disposition du militaire avec une grande inquiétude ; elle chercha, par ses exemples et par ses soins, à éteindre dans le peuple tout sentiment de prévention contre l'armée : on fut au-devant des officiers, des soldats ; on les accueillit dans les villes, dans les hameaux ; la maison du riche, la cabane du pauvre leur furent ouvertes ; partout ils trouvèrent une hospitalité franche, cordiale ; et si, dans quelques endroits, quelques individus, encore aigris par leurs souvenirs, ne partagèrent pas l'affabilité générale, ils furent en butte au blâme de leurs concitoyens. La noblesse française pour qui aucun sacrifice n'en était un lorsqu'il s'agissait du Roi et de la France ; la noblesse française, dis-je, fut la première dans les provinces à se rapprocher du militaire, à chercher à gagner loyalement sa confiance, à mettre de côté toute prétention, et à prouver qu'elle s'honorait de trouver ses égaux dans ces guerriers qui avaient acquis aussi leur noblesse à la pointe de leur épée. Ce fut ainsi que l'on espéra rattacher l'armée au Roi et au bonheur de la France. On se flatta même d'y être parvenu, quand on vit l'empressement avec lequel les généraux et les officiers venaient mettre leurs hommages aux pieds des princes, le désir d'obtenir d'eux des grâces, des honneurs. On le crut surtout quand on les vit solliciter avec une espèce de folie cette croix de Saint Louis, jusque-là partage consolateur du petit nombre d'hommes qui étaient restés fidèles au Monarque, et qui, par le serment qui y était attaché, avait jusqu'à nos jours été pour les Français le gage assuré de l'honneur. On le crut, lorsqu'on vit le Roi s'entourer des maréchaux et leur dire, avec cette noble confiance d'un fils d'Henri IV : « Messieurs, c'est dorénavant sur vous que reposeront la gloire et la tranquillité de la France. »

La vérité guide ici ma plume : témoin de ce que je dis, je ne rapporte que ce que j'ai vu. Je ne dissimule pas toutefois que cette vérité, froissant tant d'intérêts divers, tant d'orgueil humilié, plusieurs individus la révoqueront en doute, plusieurs autres peut-être la maudiront; mais que m'importent les clameurs de ceux qui ont fait le malheur de ma patrie ? Irais-je, dans la crainte de leur déplaire, trahir ma conscience et mentir à la postérité ? Non. Quand Tacite écrivait les

malheurs des Romains , quand il peignait la corruption d'un peuple perverti , une dissimulation
craintive n'était pas au fond de son cœur ; son
âme indignée conduisait sa plume ; il traçait
avec une égale force , la noblesse du vrai Romain et l'avilissement de l'esclave , le courage
de l'honnête homme et la lâcheté du parjure ,
les vertus du sage et les vices des hommes corrompus. Ainsi que lui j'écris dans l'ombre : entouré des sicaires du tyran de ma patrie , je dépose
mes pensées sur une feuille légère , dans le silence
des nuits ; les satellites qui m'environnent sont
livrés au repos ; le méchant a rempli sa journée
d'iniquité , et ses paupières fatiguées cherchent
le sommeil. Tout dort autour de moi ; moi seul
je veille ; je veille pour faire entendre la vérité
à cette nation légère à qui on n'a pas osé la dire
depuis vingt-cinq ans ; j'écris pour porter un
jour la terreur et l'effroi dans ces âmes viles qui
ne peuvent regarder en arrière sans y voir le
crime qui fut le compagnon de leur vie entière ;
j'écris pour porter , s'il est possible , le flambeau
de cette vérité qui conduit ma plume dans le
cœur des rois et des peuples , et pour éviter à
mon pays de nouveaux malheurs , s'il lui est
encore réservé d'échapper à l'effroyable catastrophe qui le menace.

Les dispositions de l'armée inspiraient donc de l'inquiétude, mais ce caractère de loyauté que l'histoire avait toujours fait marcher à côté de la valeur française rassura la nation quand elle vit le militaire prêter librement et volontairement le serment de ses pères au fils de Saint Louis et d'Henri IV ; le langage de ces guerriers, leur apparence de franchise, leurs protestations de fidélité, tout venait ajouter aux illusions de l'espérance. « Nous avons été, disaient-ils, fidèles jusques au dernier moment à l'homme qui nous a déliés de nos sermens : nous en avons prêté un nouveau ; que le Roi ait maintenant besoin de nous, et alors vous nous jugerez. » Telles furent, j'en atteste tous les Français, les paroles de ces hommes qui se plaignaient d'être méconnus : eh bien ! la postérité les jugera.

Il existait aussi en France un certain nombre d'hommes perdus de vices et de crimes : l'histoire de notre révolution les avait marqués en caractères de sang. Comprimés par le despotisme du Corse qu'ils n'aimaient pas, mais qu'ils servaient parce qu'il y avait entr'eux alliance de mal et qu'il leur garantissait l'impunité due à leurs forfaits, ces hommes virent avec effroi le retour du monarque légitime ; ils craignirent

que le fils de Saint Louis ne ramenât avec lui le
retour de la justice. Féroces, mais lâches; inso-
lens, mais sans véritable énergie; audacieux au
jour de la fortune, mais vils et rampants au jour
de l'adversité, ils n'avaient rien de ces grands
coupables à qui l'histoire accorde un nom; leur
étonnante perversité était la seule chose qui les
distinguât du vulgaire des assassins. Le temps
avait fait justice de plusieurs de ces révolutionnaires, ils avaient perdu beaucoup de leurs sup-
pôts dans la classe du peuple, mais les grands
chefs existaient encore; on voyait à leur tête
un C........., un Carnot; ils avaient conservé
dans les provinces une infinité de relations sui-
vies avec les anciens chefs du parti; ils avaient
des émissaires, des signes, une correspondance
et une liaison bien autrement actives que la classe
des gens honnêtes, à qui l'espoir du repos et
leur conscience donnaient une sécurité qui, en
les isolant les uns des autres, doublait la force
du parti jacobin. Ce parti s'aperçut bien que la
masse de la nation était contre lui, qu'une seule
démonstration, dans un moment comme celui-
là, le livrerait à la vengeance publique; il réso-
lut donc d'attendre l'avenir en silence, mais en
conservant son affinité infernale, et en se ré-

servant d'employer , quand il le pourrait , les mêmes moyens qui lui avaient déjà servi pour déchirer et ensanglanter sa patrie.

Cependant la France entière était conquise : la Guienne était au pouvoir des Anglais ; Lyon voyait dans ses murs l'étendard de la maison de Lorraine , les provinces du nord étaient la proie de l'habitant irrité de la Baltique : qui pouvait préserver la France de la vengeance des nations et lui rendre son antique indépendance ? qui pouvait étouffer les haines mutuelles ? qui pouvait calmer les victimes ? qui pouvait contenir le ressentiment de ces nobles exilés pour la plus belle des causes , et qui , après vingt-cinq ans de douleurs et de misères, ne retrouvaient dans cette patrie qui les avait proscrits , que des familles en deuil et des cendres encore fumantes ; là où ils avaient laissé les châteaux de leurs pères ? Qui pouvait imposer silence à la tombe, et faire rentrer sans murmure dans leurs cercueils ces spectres ensanglantés qui ne connaissaient pas encore la paix des tombeaux , tant les victimes avaient été entassées les unes sur les autres avec une effrayante rapidité ? Qui ?..... le fils de Saint Louis : lui seul pouvait opérer un pareil miracle. Et tandis que le duc d'Angoulême venait comme un ange tutélaire affranchir le midi de la trop juste haine des Espagnols, son auguste père, la fleur sans tâche à la main, paraissait dans la capitale ; entouré des hommages des trois monarques vainqueurs, il garantissait à la France le repos, l'indépendance et le bonheur sous un Roi qui avait tout su, tout oublié, et qui ne voulait être que le père de son peuple.

Tel fut le précurseur que Louis XVIII envoya devant lui : il parut bientôt lui-même sur le sol français, et son premier acte d'autorité fut un acte de clémence, inconcevable peut-être dans les pages de l'histoire : « Que tout soit pardonné dit-il, le fils de Saint Louis veut fermer les yeux sur le crime, il ne se rappellera que les services rendus à la France. » Telles furent ces paroles mémorables qui auraient dû rattacher tous les cœurs à cet infortuné monarque. Tandis qu'il parlait ainsi aux révolutionnaires français, sûr des nobles compagnons de son exil, il ne craignit pas de leur adresser un langage bien différent, et de leur dire : « Le temps des sacrifices n'est pas fini pour vous : je vous en demande encore un, pour moi et pour votre patrie, renoncez à vos droits, à votre fortune ; le repos de la France l'exige, le fils d'Henri IV vous le demande...,.. » Vive le Roi ! fut la réponse de ces vieux guerriers, et ce cri, répété de bouche en bouche jusqu'aux extrémités de la France, prouva que la noblesse française était encore digne du sang qui coulait dans ses veines.

Jamais, comme dans ces derniers temps, on n'a cherché à déprécier la noblesse française, et pas une voix ne s'est élevée pour prendre sa défense. Loin de moi la prétention de soutenir que, parmi ses membres, tous fussent également désintéressés ; mais dans quel temps, chez quelle nation a-t-on vu que les torts de quelques individus éclipsassent les vertus du corps dont ils faisaient partie ? Siégeant parmi les sénateurs de Rome, Catilina voulut asservir sa patrie : l'histoire a-t-elle imprimé au sénat romain la honte dont elle a flétri le conspirateur ? Les erreurs de quelques hommes sont-elles donc une raison pour proscrire le corps qui gémit de leur folie ? Ah ! loin de nous de pareilles maximes, car si nous les approuvions, comment pourrions-nous lire ce qui s'est passé chez nous depuis vingt-cinq ans, et ne pas redouter que la colère des peuples ne rayât la France du tableau des nations ? Sans doute il s'est trouvé parmi la noblesse, parmi les émigrés, quelques individus qui, supportant avec peine la misère qui a suivi leur long exil, ont gémi de ne retrouver dans leur patrie que les ruines de leurs châteaux en cendres ; mais leur loyale fidélité, leurs longs malheurs ne méritent-ils donc pas quelque indulgence ? Ces braves (car ils sont aussi, je crois, des braves, ces nobles qui ont combattu à côté des Condé, des d'Enghien, et qui ne balancèrent pas à se mettre dans le rang des simples soldats, quand c'était leur roi qu'il fallait défendre) ; ces braves qui ont supporté la misère, les privations, les humiliations de tout genre pour la plus belle des causes ; ces braves, dis-je, n'ont-ils pas donné en masse l'exemple d'un noble désintéressement et de l'abandon des souvenirs ? Combien n'a-t-on pas vu de ces vieillards, consumés de regrets, hâter leur marche chancelante vers les lieux qui les avaient vu naître ! Ils apercevaient, en soupirant, l'antique manoir de leur famille ; épuisés de fatigue, ils s'asseyaient sur le seuil de cette maison, asile heureux de leur enfance.... Ils entendaient la joie bruyante de l'étranger dans les salles de leurs pères : ils levaient alors douloureusement les yeux vers le ciel, gémissaient en silence, et, baissant leurs regards sur ces lis qui couvraient leur poitrine, ils essuyaient leurs larmes, et se retiraient sans murmure !.... Hélas ! pour augmenter le sacrifice, combien d'entr'eux, en disant un dernier adieu au cimetière de la paroisse, ont vu des tombes entr'ouvertes et y ont en vain cherché les os de leurs pères !... Pourquoi donc s'est-on obstiné à flétrir cette classe à laquelle il ne restait plus que la conscience de son honneur ? Pourquoi donc ceux qui les avaient dépouillés ont-ils voulu leur enlever jusqu'à l'estime si chèrement acquise ? comment est-il donc arrivé que la prospérité du vice se soit effrayée du malheur de la vertu ? Hommes barbares, dont chaque minute d'existence coûte une larme à la veuve et à l'orphelin, les lois humaines peuvent nous conserver les dépouilles du juste ; mais quant à la terreur qui suit le crime, rien ne peut vous en affranchir ; l'impitoyable remords vous suivra partout, dans l'ombre des nuits, sur le duvet de l'opulence, son poignard portera l'effroi dans votre âme épouvantée, tandis que l'homme que vous avez privé de sa fortune, que vous avez proscrit, en paix avec lui-même, plein de foi et d'honneur, jouira d'une tranquillité qui jamais ne sera votre partage ; gardez donc votre or, vos richesses, mais respectez des vertus que tout le venin de votre cœur ne peut atteindre, et laissez en paix les hommes d'autrefois avec leur honneur, leur résignation et leur misère.

Le Roi suivit de près son auguste frère, et arriva à Paris au milieu des acclamations générales ;

son voyage avait été le triomphe de l'amour des peuples. Je n'entrerai point dans des détails connus de toute l'Europe ; il est des tableaux que la plume ne peut rendre. Après vingt-cinq ans de douleur et d'exil, le Monarque légitime reparaissait en France, seul avec quelques vieillards, compagnons fidèles de son long pélerinage aux terres étrangères : le courroux des Rois menaçait notre malheureuse patrie ; ils étaient les maîtres de cette cité fameuse d'où étaient à la fois partis l'incendie de Moscou et les massacres de l'Espagne. La justice éternelle, l'univers entier criait vengeance sur un peuple perturbateur dont la tyrannie avait fatigué le monde : le fils d'Henri IV paraît seul, sans armes, et les foudres des Monarques irrités se turent devant le Monarque du malheur.

Dans les circonstances critiques où se trouvait la France, occupée presque entière par des forces puissantes, ses armées détruites ou dispersées, étant la cause de la guerre qui ravageait depuis si long-temps l'Europe, il ne fallait pas un Monarque ordinaire pour ressaisir le sceptre et conserver à la fois la dignité de son royaume dans la balance politique, et calmer les longues agitations dont l'intérieur était devenu la proie. Le rôle que Louis XVIII était appelé à jouer n'était pas un rôle facile ; il fallait un bien grand caractère pour porter dignement cette couronne d'Henri IV si entourée d'épines , et ce qui paraissait un problème effrayant aux gens les plus éclairés , fut résolu par la noblesse, la fermeté et l'esprit supérieur du Roi. La France lui dut de rester ce qu'elle était aux beaux jours de Louis XIV ; les armées étrangères évacuèrent le territoire ; pas un impôt ne fut établi sur cette nation qui avait tant opprimé les autres nations ; tous ces objets d'arts qui faisaient la gloire de l'Italie restèrent comme un monument éternel de nos victoires , et dans le congrès qui s'assembla pour régler les intérêts de l'Europe, la France occupa le même rang que les monarques vainqueurs.

Tout homme qui n'était point mu par un esprit de parti et qui avait un sens droit, dut alors prévoir ce que la France pouvait bientôt devenir, si chacun secondait les vues du Monarque ; en même temps qu'il travaillait à maintenir la dignité de sa couronne, il s'occupait de donner à son peuple le fruit de vingt ans d'observations et de travaux. Des lois méditées dans le malheur, des institutions analogues aux mœurs du siècle, les changemens que notre révolution avait rendus nécessaires furent la base de la charte qu'il voulut donner à son peuple. Maître de rejeter

tout ce qui n'était que le résultat d'une longue
révolte, il espéra calmer les agitations, éteindre
les haines, en renonçant à l'antique constitution
du royaume, pour en établir une qui garantit à
tout Français l'égalité des droits civils et une véritable liberté. Il ne voulut pas connaître des
crimes commis en son absence ; tout service
rendu à l'Etat fut regardé par lui comme person-
nel, et, par une clémence que la postérité aura
peine à croire, les hommes couverts du sang du
juste, furent laissés en paix au sein de l'opulence,
fruit de leurs crimes.

Hélas ! en transigeant ainsi, si j'ose le dire,
avec les lois de la justice, le Monarque ne sentit
pas tous les malheurs qui en seraient la suite : il
est une classe d'hommes profondément pervertis
qui, incapables de supposer dans les autres les
vertus qu'ils n'ont pas, ne voient dans la clémence que la conscience de la faiblesse. « Le Roi
ne nous punit pas, donc il n'ose pas punir » : tel
fut le cri des jacobins et des assassins de
Louis XVI ; on les vit alors relever audacieusement leurs têtes hideuses qu'au premier moment la crainte avait abattues. « Notre règne n'est
pas encore fini », se dirent ces caméléons du vice,
et ils prirent sur-le-champ tous les moyens en
leur puissance pour saper de nouveau l'autorité

royale. Comme ils savaient très-bien que la religion est le premier frein des peuples, pendant
qu'un Carnot profitait de la liberté de la presse
pour faire l'apologie du régicide et prétendait
trouver dans l'histoire sainte la justification de
son crime, ses dignes compagnons criaient contre
l'intolérance des prêtres, et déversaient le ridi-
cule sur tous les membres de cette famille auguste qui, en suivant la religion de leurs pères,
ne faisaient que se rappeler qu'ils étaient les fils
de Saint-Louis. Madame Royale, cette noble fille
du malheur et de l'exil, fut surtout celle contre
laquelle ils se déchaînèrent avec le plus d'achar-
nement ; entourée des bourreaux de sa famille,
dans ces mêmes lieux où elle avait été abreuvée
de douleurs et de larmes, dans ce palais terrible,
monument d'outrages et de forfaits, ils lui repro-
chaient sa tristesse ; ils l'imputaient à des projets
de vengeance. Sa piété était du fanatisme, son
air de dignité une rage concentrée ; son empire
deviendrait un jour l'empire des moines, elle
devait nous ramener aux premiers siècles de la
barbarie : et du moment où la victime, résignée
mais souffrante, avait encore une larme sur la
paupière, et se refusait à danser sur la tombe
de ses pères, un tas d'êtres légers et frivoles,
sans cœur et sans souvenirs, se faisaient, sans

y songer, les échos de la troupe insolente des factieux. Hélas! noble et auguste princesse, un pressentiment intérieur vous disait-il donc alors que le temps des épreuves n'était pas encore fini pour vous!

Le Roi était le seul que le poison de la calomnie semblait respecter. L'amour général qu'il inspirait était d'abord une forte garantie; mais, en outre, le but eût été tout de suite découvert si l'on avait attaqué la personne du Roi, et les conspirateurs eussent été déjoués; ils prenaient une autre route, bien sûrs qu'une fois qu'ils auraient affaibli le respect qu'on portait à sa famille, ils l'attaqueraient alors lui-même avec bien plus d'avantage. Ces hommes, passés maîtres en scélératesse, savent qu'il n'y a que l'honnête homme pour qui la voie droite soit la meilleure, et ils continuèrent d'agir en conséquence. On répandit dans Paris les contes les plus absurdes sur les prêtres : chaque jour, quelque histoire nouvelle venait servir de texte à des déclamations contre l'intolérance, et pendant que chacun disait ce qu'il voulait contre le gouvernement, on criait au despotisme. Les gens de la révolution étaient couverts d'honneurs et gorgés de richesses; ils avaient vingt, trente mille francs d'appointemens ou de retraite, et un malheureux émigré sollicitait-

il une pension de six cents francs, on criait à l'injustice : les acquéreurs des domaines nationaux
jouissaient en paix de leurs acquisitions, et on prétendait qu'on allait les dépouiller. Une évidence
de fait répondait à tous les mensonges que l'on
inventait ; mais qu'est-ce que l'évidence pour
une nation qui aime mieux répéter ce qu'elle en-
tend, que d'approfondir une absurdité, et qui se
repaît de chimères en raison du besoin qu'elle a
d'être sans cesse agitée ?

Pendant qu'on s'occupait ainsi de saper l'autorité du Roi dans la capitale, on ne négligeait
aucun moyen pour préparer les provinces, et
ce fut sur ce point que les jacobins dirigèrent
leurs efforts avec le plus de soin et le plus d'as-
tuce. Comme une certaine agitation dans le peuple était une chose absolument nécessaire pour
qu'il fût un jour prêt à les seconder, ils eurent
des émissaires, des agens qui parcoururent les
campagnes dès les premiers temps de la restauration, et qui semèrent chez les paysans une
vague inquiétude. Tantôt c'étaient les Turcs qui
venaient ravager le midi, tantôt le Corse qui
avait paru à la tête de deux cent mille Autri-
chiens ; on faisait circuler des bruits sourds et
alarmans ; on s'informait avec soin des provinces
où l'esprit s'était montré le meilleur à l'époque

du retour du Roi, et ce fut celles-là surtout que l'on mit le plus de soins à corrompre. Aussi les protestans des Cévennes furent menacés d'une Saint-Barthélemi, le Rouergue et une partie de la Guienne du retour des dîmes et des rentes, la Vendée des réactions de tout genre ; la classe intermédiaire eut en perspective l'oppression d'une noblesse haineuse et vindicative : mensonges d'évidence, jongleries atroces, perfidies, rien ne fut épargné ; et malheureusement ces moyens, quoique bien usés, n'ont pu, comme je le prouverai dans la suite, que trop de succès.

La jalousie des parvenus sur quelques vains titres que le Roi avait rendus à l'ancienne noblesse, a été une des causes qui a le plus servi la secte des perturbateurs ; et, ce qui est inconcevable, c'est que, dans ce prétendu siècle des lumières, une nation qui pense et qui compare ait eu la bonhomie de se laisser aller aux insinuations de ces mêmes hommes qui ont prêché la liberté et l'égalité pour s'enrichir, et qui ont bassement adulé et soutenu le despotisme le plus effrayant, quand il a été question de soutenir leurs richesses. Ne les avons-nous pas vus tour à tour en bonnet rouge ou avec la couronne ducale ? N'ont-ils pas été tantôt sans-culottes et tantôt princes? tantôt citoyens et tantôt majestés ? N'ont-ils pas fondé partout des républiques et renversé des trônes , renversé les républiques et rétabli des trônes ? N'ont-ils pas fait une macédoine de rois et de sans-culottes , de princes et de brigands ? Ces mêmes hommes, qui ont proclamé à la tribune de la Convention que les titres étaient une absurdité féodale, ne vous ont-ils pas dit que c'était la plus honorable récompense des services rendus à la patrie, quand ils en ont été revêtus? et ce sont ces hommes qui ont encore eu le droit de tromper la France lorsqu'il a été question de partager, avec l'ancienne noblesse, des titres qu'elle avait acquis par le sang que ses pères avaient versé pour la France et pour le Roi! Pour peu qu'on eût voulu réfléchir, il eût été aisé de voir que cette noblesse dont s'effrayait tant l'orgueil de quelques individus, et dont on cherchait à faire un épouvantail pour le peuple, n'était plus qu'un être de raison : car, qui est-ce qui constitue une noblesse dans un état? ce sont les droits, les prérogatives, les honneurs, le rang, l'hérédité de certaines places et l'avantage de former un corps qui, puissant par ses attributions , serve de barrière entre le trône et le peuple. Or, je le demande , l'ancienne noblesse, privée de tous ses droits, partageant avec le plus obscur plébéien les places et les honneurs, payant les mêmes impôts que tous les autres citoyens, n'ayant aucun rang dans l'État et ayant perdu toutes ses richesses, cette noblesse était-elle bien effrayante? et pouvait-on dire qu'elle existât comme noblesse, parce que ses membres, déchus et dépouillés, partageaient, avec les adeptes révolutionnaires, la faculté de se faire appeler comtes ou barons? Je doute que l'on puisse soutenir une proposition aussi absurde, et qu'il se trouve un peuple plus facile à mystifier.

En prenant la plume, je me suis engagé à dire la vérité tout entière, et je la dirai : loin de moi des ménagemens qui puissent me faire accuser de n'écrire que par esprit de parti. Je suis membre de cette noblesse dont j'ai défendu les vertus et l'honneur; en dépit des Brutus et des Scévola révolutionnaires, je m'honore d'appartenir à une classe que toutes les injures ne peuvent effacer des plus belles pages de l'histoire de France, et dont le nom se rattache aux hauts faits des Bayard et des Turenne. Mais dans ces derniers temps, quand la masse donnait l'exemple de la soumission et de l'obéissance, il s'est trouvé dans cette classe des gens à imagination vive, au cœur aigri, et au caractère inquiet et léger; ces gens, dans d'autres circonstances, guidés par une entière abnégation d'eux, et maintenant aveuglés par leurs passions, dévièrent de cette route dans laquelle ils avaient si long-temps marché. Loin de donner, par leur résignation, l'exemple d'une respectueuse obéissance, ils s'emportèrent hautement contre les ordres du Roi, ils crièrent à l'injustice, à la violation de la propriété, ne virent qu'eux là où ils auraient dû voir la patrie, et ne songèrent pas que la nation dans laquelle ils rentraient, n'était pas la nation qu'ils avaient quittée il y a vingt-cinq ans; ils ne virent pas que, quoique leurs prétentions fussent fondées peut-être dans le principe d'une justice exacte, il y avait des sacrifices que commandait impérieusement le repos de la France, et qu'une réaction qui aurait enveloppé une classe nombreuse et puissante, pouvait avoir les plus funestes conséquences; ils ne sentirent pas que tout Français devait se rattacher à cette Charte qui donnait une nouvelle ère à la France, que nos prétentions ne devaient plus dater que de cette époque, et que ce monument de la sagesse du monarque devait dorénavant être le palladium des Français. Leurs imprudences, leurs propos, en excitant la jalousie et en faisant naître des craintes sur l'avenir, ne secondèrent

que trop puissamment les intentions et les menées
des révolutionnaires.

Il exista aussi quelques hommes dans le rang
le plus élevé, dont les manières fières et dédai-
gneuses blessaient également le plébéien, le
parvenu révolutionnaire, le militaire et l'homme
pauvre de leur classe ; inabordables pour celui
qui ne marchait pas de pair avec eux, inacces-
sibles à l'amour du bien public, froids avec
leurs égaux, sans confiance comme sans souvenirs, leur âme sèche et aride les isola au milieu
de la France. Égoïstes irréfléchis, leur orgueil
fatigua tout le monde, et servit de prétexte à ces
agitateurs qui, pour rendre la cour odieuse,
étaient heureux de trouver des ridicules frappans
à côté des vertus qu'ils voulaient flétrir. Tels
étaient les hommes, telle était la nation que des
droits imprescriptibles appelaient Louis XVIII à
gouverner.

Pour seconder puissamment les intentions
droites et libérales du monarque, il eût fallu à
la tête des différens ministères des hommes ha-
biles, des administrateurs éclairés, des hommes
qui eussent su agir et concilier : c'était surtout
de l'intérieur et de la police que dépendait peut-
être le salut de la France, et ces deux parties, je
ne crains pas de le dire, ont été en sens inverse de

celui où elles devaient aller. La première mesure
que le bon sens dictait, était la refonte des administrations civiles qui, toutes dévouées à Buonaparte,
n'offraient d'autre garantie au gouvernement
que la certitude de leurs regrets pour un homme
sous lequel tout était permis à un préfet ; pourvu
qu'il fît impitoyablement payer les impôts et
marcher les conscrits, que les routes fournissent
à la fois le spectacle de chariots chargés d'or, et
de soldats marchant joyeusement à la victoire la
chaîne au col, le préfet pouvait se livrer sans
crainte aux exactions de tout genre. Ces hommes,
pour la plupart devenus odieux à leurs admi-
nistrés, ne pouvaient être que dangereux pour
l'autorité royale. L'homme sans mœurs et sans
principes ne put jamais être l'administrateur d'un
Roi juste ; la France entière demandait leur chan-
gement et réclamait des individus qui, par leur
énergie, pussent en imposer aux malveillans et
offrissent, par leur honneur, une garantie positive
à leurs concitoyens ; mais ce fut en vain que d'un
bout de la France à l'autre, les gens honnêtes
firent entendre leurs réclamations, ce ne fut qu'à
l'importunité que l'on dut quelques légers changemens, et la masse des administrations resta ce
qu'elle était sous le tyran, ou à peu près com-
posée de même. Ses créatures, ses chambellans

furent placés de préférence ; l'homme qui s'était éloigné des fonctions civiles sous l'oppresseur de la France, et qui venait offrir ses services au Roi légitime , fut écarté comme n'étant pas administrateur ; l'homme au cœur chaud fut repoussé comme un homme à esprit de parti ; le sujet fidèle , à moyens mais sans fortune , fut exclus à cause de sa pauvreté , et le ministre de l'intérieur, homme honnête et éclairé, sembla faire abnégation de son cœur et de ses lumières , pour mettre le système le plus faux à la place des droits de l'honneur et du bon sens : c'est ainsi que, sans le vouloir , il prépara la plus funeste catastrophe qui ne prouve que trop combien sa conduite a été aveugle.

Quand les factions agitent un empire , que les partis sont comme en présence, et que cependant l'autorité a encore toute la force qu'elle peut désirer , la police doit avoir une surveillance active , une répression forte. Chargée de la tranquillité publique, c'est d'elle en partie que dépend la sûreté du monarque et le repos de la nation. Elle doit donc ne rien négliger, et tous les moyens qu'elle a en sa puissance doivent concourir à ce double but. Qu'a fait la police de France dans ces derniers temps ? évidemment le contraire. L'homme que la France devait redouter, celui qui était l'âme des complots, sur qui se portaient toutes les espérances révolutionnaires , cet homme était à l'île d'Elbe ; eh bien ! on circulait librement de l'île d'Elbe à Paris et de Paris à l'île d'Elbe. Les conspirateurs étaient connus, l'opinion publique les désignait ; des avis particuliers prévenaient chaque jour le ministre de la police des trames qui s'ourdissaient dans Paris ; on parlait hautement des rassemblemens formés chez Maret, chez Cambacérès ; les émissaires, les agitateurs étaient connus ; le public tremblait sur l'avenir , demandait hautement des mesures de sûreté. Eh bien ! pas une n'a été prise , même dans le moment où le tyran a débarqué en France, et où il suffisait, peut-être encore alors, de trois ou quatre exemples sévères pour le forcer à regagner à la hâte son rocher , et pour couper les fils de cette conspiration dont je dévoilerai bientôt toute la perfidie. Par quelle fatale imprévoyance ou par quelle incroyable incurie , le ministre de la police était-il donc dirigé ?

Les commandans militaires ayant en main toutes les forces des départemens, il eût été de la plus grande conséquence de choisir des gens sur l'honneur desquels on pût compter ; le Roi ne pouvait les prendre avec assurance que parmi ces vieux guerriers qui étaient un objet de jalousie pour l'armée ; le ministre de la guerre dût le lui faire observer, et le fils d'Henri **IV**, ne soup-çonnant pas la lâche trahison et la perfidie dans des cœurs Français, dut alors faire dépositaires de son autorité, des hommes qui pouvaient s'ir-riter de voir blesser leur amour-propre, et qu'il espéra se rattacher par les bienfaits dont il les comblait de préférence à ces fidèles serviteurs qui avaient tout perdu pour lui. Nous verrons bientôt à quel point ces hommes ont justifié la confiance du souverain.

Tel était l'état des choses en France, lorsque l'on apprit à Paris que Buonaparte avait débarqué sur les côtes de la Provence. Me voici arrivé à cette époque fatale qui imprime à l'armée fran-çaise une tache d'*infamie* sans exemple dans l'histoire des nations ; ce fut aussi dans ce moment que Paris et toute la France manifestèrent un dévouement qui, au milieu de l'amertume dont le Roi a été abreuvé par la conduite de l'ar-mée, a dû lui prouver en même temps que le peuple Français était encore digne de lui. A peine sut-on à Paris que Buonaparte souillait notre ter-ritoire que le peuple se transporta aux Tuileries. Des cris d'amour pour le monarque et d'horreur pour le tyran se firent partout entendre ; le grand seigneur, le bourgeois, l'artisan, l'homme qui gagne sa vie à la sueur de son front, tout se réunit dans cette journée de calamités et d'amour. Cette immense population de Paris, mue par le même sentiment, ne fit entendre qu'un cri, qu'un vœu : Des armes! des armes! Chacun, voulait marcher à la défense de son Roi. Chacun en y courant, y voyait le bonheur et le repos de son pays ; on a vu s'inscrire comme soldat, l'officier supérieur qui avait autrefois marché à la tête d'une division ; on a vu le père s'inscrire avec son fils ; la mère qui, naguère, frémissait de se voir enlever l'unique espoir de sa famille, le présenter avec orgueil et le conduire elle-même dans les rangs. Fier de son amour, ivre de son dévouement, le peuple fut unanime dans son vœu, et rivalisa d'honneur avec cette brave garde nationale de Paris ; le courage semblait augmenter en raison de l'approche du danger. Plus les nouvelles devenaient alarmantes, plus l'énergie redoublait ; plus il y avait de maux à craindre, plus l'opinion publique demandait à se manifester ; les Tuileries étaient assiégées par la foule ; chacun interrogeait avec inquiétude l'homme que l'on voyait descendre du château ; la moindre nouvelle favorable, était recueillie avec ivresse ; les enrôlemens volontaires se multipliaient dans tous les bureaux ouverts à cet effet,

et certes, dans cette expression du vœu général
de la capitale, on n'accusera pas le gouvernement d'avoir employé des émissaires pour tra-
vailler l'opinion ; il y avait dans Paris cent fois
plus de dévouement et d'amour qu'il n'en fallait
pour sauver la France. La fatalité qui depuis quelques mois semblait présider aux conseils des ministres en hâta la ruine. Paris, à cette époque, ren-
fermait dans son sein un nombre considérable
d'étrangers ; revenus dans leurs patries, ils au-
ront pu rendre justice à la capitale, et éclairer
l'opinion sur les mensonges perfides du despote,
et sur toutes les faussetés dont ses agens remplis-
sent les papiers publics, depuis que son pouvoir
cherche à comprimer en France jusques à la
pensée.

Les chambres des pairs et des députés se mon-
trèrent en masse dignes du Roi et de la France
dans ces jours de douleur ; l'histoire conservera
avec orgueil le nom de quelques-uns de ces re-
présentans de l'ancienne fidélité française, et,
quelle que soit la destinée de la France, la postérité mettra à la tête des hommes qu'elle présen-
tera pour modèles à nos neveux, le nom du
courageux Lainé. Son énergie eût puissamment
secondé la cause royale, si les ministres, en
profitant du dévouement des chambres, eussent

employé pour arrêter le mal, le seul remède que leur désignaient à la fois l'opinion publique et le bon sens.

La division des Bonapartistes et des Jacobins avaient, en 1814, hâté la chute de Napoléon; dans ce moment, l'homme de l'île d'Elbe avait bien senti que l'appui de ces derniers lui était nécessaire pour agiter le peuple, et il traitait avec eux depuis long-temps, en même temps qu'il gagnait à prix d'or une armée qui, *servile* instrument de toutes les factions qui ont tour à tour déchiré la France depuis vingt-cinq ans, n'a été infidèle que lorsqu'il a été question de trahir son Roi légitime. Par des proclamations datées de Lyon, Napoléon appelait à la révolte le peuple qu'il avait si long-temps opprimé; il parlait d'é- galité à ces Français chez lesquels il avait insti- tué une noblesse, de liberté à une nation qu'il avait enchaînée; il invoquait l'honneur, lui qui est aussi étranger à ce sentiment que le vice l'est à la vertu, et les Jacobins, fidèles propagateurs de ces vils mensonges, parvinrent dans quelques provinces à comprimer ainsi l'élan du peuple qui voyait partout avec effroi dans le premier moment la nouvelle entreprise du Corse.

Une des principales fautes du ministère, fut de ne pas voir que c'était de Paris que dépen-

3*

dait le salut de la France, et qu'il fallait faire
toute espèce de sacrifices pour sauver la capitale:
s'il l'a vu, il s'est du moins bien trompé sur les
moyens, car il avait en sa puissance tout ce
qu'il fallait pour remplir ce but, et il a été sourd
à la voix publique qui le lui indiquait. On ne
peut, je crois, accuser ni la moralité ni les intentions des ministres, mais leurs moyens étaient-
ils assez étendus pour conduire le gouvernail
dans des circonstances aussi critiques ? Il serait,
à ce qu'il me semble, bien hardi de le soutenir.
On les vit, dans ces tristes momens, incertains,
sans projets, attendre avec anxiété le dénoû-
ment de cette funeste catastrophe ; nulle mesure
sage, nul projet raisonnable ne fut pris ; le
peuple qui témoignait un dévouement sans bornes, demandait à marcher contre le Corse, on
ne chercha point à utiliser son zèle, et on ne
songea à employer, pour combattre le tyran, que
des troupes dont on avait des raisons positives
de suspecter la fidélité.

Il est vrai de dire aussi à l'appui des ministres, qu'il était peut-être hors de toute prévoyance humaine de soupçonner l'étendue de
la perfidie dont ils ont été les victimes. Soldats,
officiers, généraux, maréchaux, tous venaient
avec empressement offrir leurs services : leurs

protestations de fidélité et de dévouement se mêlaient aux cris d'amour des braves habitans de Paris : ils venaient aux pieds de ce monarque qu'ils voulaient trahir, et, le crime dans le cœur, les paroles de la vertu sortaient de leurs bouches. « Qu'on nous envoie, disaient-ils, vers le monstre qui veut de nouveau déchirer notre patrie, vers l'homme qui nous a déliés de nos sermens ; toute à son Roi, toute à son pays, l'armée française prouvera qu'elle n'a pas dégénéré de l'honneur de ses pères. » On vit un maréchal de France, la Croix de Saint-Louis sur sa poitrine, se jeter aux genoux du fils de Henri IV, baiser cette main auguste qui l'avait entouré d'honneurs et de dignités, et lui dire avec l'accent de la loyauté française : « C'est à moi, Sire, d'enchaîner le monstre à vos pieds. » Il part avec l'or et la confiance du monarque, et, le parjure dans le cœur, il ordonne à l'histoire de placer son nom à côté de celui de ce traître fameux qui livra le Christ sur le Calvaire.

Cependant, trahi par les courriers, trompé par le thélégraphe, le gouvernement apprend enfin que Bonaparte s'est emparé de Grenoble et marche sur Lyon. Monsieur le comte d'Artois, monsieur le duc d'Orléans s'y rendent en toute hâte, ayant avec eux le maréchal Macdonald, qui, aimé et respecté des troupes, prouva dans cette circonstance qu'il était digne de la confiance du Roi. Arrivés à Lyon, les Princes français se trouvèrent en face de l'usurpateur : leur panache blanc flotte à la tête des régimens rassemblés dans cette même ville qui, pour la même cause, avait soutenu un long et mémorable siége ; mais c'est en vain que les fils d'Henri IV parlent à des soldats français le langage de l'honneur, c'est en vain qu'ils veulent mourir au milieu d'eux ; en vain Macdonald leur représente la honte dont ils vont se flétrir ; séduits, corrompus, ces soldats devenus étrangers à leur patrie, se couvrent d'infamie et déchirent leurs drapeaux pour se ranger sous les bannières de l'oppresseur de la France. Quelle ne dut pas être la douleur de ces augustes Princes quand ils se virent abandonnés, trahis, et forcés de regagner, en fugitifs, cette capitale où ils n'avaient pas douté de rentrer en vainqueurs, vu leur noble confiance dans le caractère français !

Avant que le gouvernement ne connut cette horrible catastrophe, une vague inquiétude se répandit dans Paris. On parlait de la prise de Lyon ; on disait que les Princes avaient été livrés, et à mesure que ces bruits sinistres circulaient, l'anxiété générale prenait un caractère de plus en plus alarmant. Quand leur retour fut connu, et qu'on fut tranquille sur leurs personnes, la crainte que l'on avait éprouvée fit place à un sentiment d'horreur pour le militaire ; dans tous les lieux publics, dans les rues, on ne voyait que des groupes qui disaient : « C'est à nous de sauver la France ; qu'on nous donne des armes, qu'on dissémine dans l'intérieur cette horde de sicaires qui n'a plus rien de Français, et le peuple en masse fera justice de l'oppresseur. » Paris, ville grande et malheureuse ! toi que l'on a tant calomniée, tu te montras dans ces jours de deuil digne d'être la capitale de la France ; ton dévouement fut sans bornes, ta fidélité fut éclatante ; justice te sera rendue dans l'avenir, et l'histoire gravera en lettres d'or ta noble et loyale conduite ; puisses-tu encore en trouver la récompense dans le retour de ce Roi que tu es si digne de conserver !

Le ministère fut loin d'être éclairé par la défection des troupes qui étaient à Lyon, et ce fut encore dans les troupes que le gouvernement plaça sa confiance. On n'utilisa point le dévouement des volontaires qui, chaque jour, venaient s'inscrire en foule ; on les renvoyait d'un jour à l'autre pour être armés ; la maison du Roi brûlait d'hon-

neur et de courage, on la contint dans les murs
de Paris. Les chambres en permanence renfer-
maient un nombre considérable de sujets fidèles
et courageux, dont les discours ajoutaient une
nouvelle force à l'opinion publique; ils invo-
quaient des mesures promptes et énergiques, on
ne leur en proposa aucune, et pendant ce temps
le tyran s'avançait en toute hâte au milieu de ces
troupes infectées de la soif de l'or et du venin du
parjure.

C'est à dater de la prise de Lyon que s'ouvre
devant l'observateur une suite de trahisons d'au-
tant plus effroyables que, dans une armée comblée
des bienfaits du meilleur des Rois, dans une
classe nombreuse et couverte d'honneurs, les
hommes fidèles seront comptés, comme les mé-
chants le sont parmi les gens honnêtes. Loin
d'utiliser, comme je l'ai déjà dit, ce nombre
d'hommes dévoués qui pouvaient encore sauver
la France, on persista à envoyer au-devant de
l'oppresseur des régimens épars qui, préparés
d'avance par la corruption, se rangèrent sous ses
lois à fur et mesure qu'ils s'avancèrent vers lui.
Tous ces corps, rassemblés à la hâte à Fontaine-
bleau, à Melun, n'attendirent que la présence de
l'usurpateur, et tandis que le peuple de Paris gémissait de l'inaction à laquelle on le dévouait, et

que le gouvernement délibérait sur les moyens à prendre, l'homme de l'île d'Elbe s'avançait rapidement à la tête d'une horde qui se grossissait à chaque instant. Eclairés par les nouvelles qui se succédaient d'un moment à l'autre, d'une manière de plus en plus alarmante, les ministres virent enfin le danger ; mais comme il était dit qu'il y avait des points sur lesquels ils devaient être trompés et aveuglés jusqu'au dernier moment, ils comptaient encore sur le maréchal Ney, lorsqu'il y avait déjà plusieurs jours que, par une perfidie que la postérité aura peine à croire, il avait joint son armée à celle de l'homme de l'île d'Elbe. Je jugerais peut-être sans connaissance de cause si j'accusais les ministres d'imprévoyance, en disant qu'ils ne prirent aucune mesure pour assurer l'autorité du Roi dans les provinces, et les préserver de la contagion dans le cas où ils se verraient forcés d'abandonner Paris ; mais ce que l'on peut dire avec assurance, c'est que la manière dont s'est opérée, dans l'intérieur de la France, cette révolution des baïonnettes contre l'opinion, peut du moins le faire présumer. L'on vit enfin cette nuit fatale où ce Roi, véritable père de son peuple, fut obligé, en récompense du bien qu'il lui avait fait, de la paix qu'il lui avait apportée, où ce Roi, dis-je, fut obligé d'abandonner Paris et d'aller, à travers les vœux infructueux de ce même peuple, chercher sur une terre étrangère un asile contre une armée factieuse et rebelle. En vain espéra-t-il trouver dans quelques régimens une sauve-garde pour le fils de Saint Louis, tout était corrompu, tout était flétri, et, dans ces jours d'effrayante mémoire, l'uniforme français se couvrit d'une honte qui le rendit odieux à la masse de la nation.

Plus la déloyauté de l'armée a été infâme, plus remarquable aussi est la noble conduite des militaires qui sont restés purs. Il s'en est trouvé qui ont brisé de rage leurs épées au milieu des sicaires du tyran. Parmi les officiers généraux, parmi les maréchaux, on en a vu qui se sont montrés les dignes héritiers de cette fidélité, noble apanage des chevaliers français. Dans ces jours malheureux, plus d'un officier s'est montré sans peur et sans reproche. Plusieurs ont fui des drapeaux souillés par le parjure, et ont cherché à se rallier autour des princes : l'histoire, en parlant de ces braves soutiens de la couronne et de la patrie, transmettra leur nom sans tache à la postérité, et la nation reconnaissante honorera le guerrier fidèle à ses sermens et à son pays.

On comptait, à ce qu'il paraît, à Paris, sur une résistance dans le midi de la France, dans le midi, où les fils de la trahison avaient été ourdis dans le silence ; on n'en doutait pas, et l'enthousiasme était extrême. Mais les mêmes moyens qui avaient paralysé le dévouement de la capitale, paralysèrent aussi celui des habitans des provinces ; ce fut alors qu'on vit se réaliser les craintes que ces hommes, qu'on avait taxés d'exagération, n'avaient cessé de concevoir sur la mauvaise composition des administrations civiles. Parmi tous les préfets dépositaires de la confiance royale, peu seront comptés au nombre des gens fidèles : l'histoire les peindra faibles, sans caractère, ou dévoués à l'homme de l'île d'Elbe, travaillant de concert avec les chefs militaires, tandis qu'ils rivalisaient de démonstrations apparentes d'honneur et de loyauté ; on les a vu faire des proclamations, des appels, et quand le peuple en foule venait y répondre, l'élan de ce même peuple était paralysé par des difficultés sans cesse renaissantes ; les hommes que l'on ne put s'empêcher de réunir, furent envoyés isolément, souvent sans armes, quand les magasins en étaient remplis, et presque toujours sans cartouches. C'est ainsi qu'on a vu des corps épars, sans destination positive, sans moyens de défense, errer de départemens en départemens, jusqu'au moment fatal, si bien calculé par les conspirateurs. Quand le jour de la justice sera arrivé, l'histoire s'emparera avec avidité d'une foule de traits qui peignent le dévouement de cette classe, point de mire constant de l'orgueil et de la haine révolutionnaire. Elle dira combien il s'en est trouvé dans ces nobles tant humiliés, tant calomniés, qui ont mis en vente le dernier champ de leurs pères pour acheter un uniforme ou un cheval. Elle dira combien il s'en est vu, à pied, dans le rang des simples soldats, partageant avec leurs camarades les restes d'une fortune épuisée. Elle dira les dons du riche et le dévouement du pauvre, l'honneur de l'artisan et la loyauté de la classe intermédiaire. Puissent ces traits, si vrais dans leur ensemble, si touchans dans leur noble simplicité, laver un jour la honte qu'imprime à la nation française l'aveugle conduite d'une soldatesque effrénée!

Cependant le bruit de l'entrée de Napoléon à Paris se répandait dans les provinces, et le rassemblement des officiers à demi-solde que l'on avait fait dans tous les chefs-lieux des départemens, inspirait aux royalistes une inquiétude qui n'était que trop bien fondée. Composés, pour la plupart, de gens sans principes et sans foi, la méfiance que l'on avait pour eux était augmentée par les craintes mêmes de ceux de leurs camarades qui, conservant *encore* quelques sentimens d'honneur, étaient les premiers à sortir de leurs rangs. Ces hommes, loin de soutenir la cause royale, faisaient entendre des cris séditieux, effroi du citoyen ; on ne les voyait point se mêler à lui ; ils se promenaient seuls sur les places publiques, s'excitaient mutuellement à la révolte, et semblaient appeler la désorganisation et le pillage. Soutenus par les chefs militaires, ils se voyaient, sans honte, maudits de leurs concitoyens, réprouvés de leurs familles, et redoutés de tous comme les sinistres précurseurs de la calamité publique. De même qu'au jour d'une maladie pestilentielle, on voit les peuples effrayés fuir au moindre symptôme, annonce funeste de la contagion, de même dans ces jours de douleur, à l'aspect d'un officier à demi-solde, le citoyen épouvanté frémissait d'effroi et détournait la tête. Parmi toutes les fausses mesures prises par le ministère, il ne s'en est peut-être pas trouvé de plus funeste que celle qui rassembla et mit sous les ordres des chefs militaires, ces hommes élevés dans les camps à l'école du meurtre et de l'incendie ; c'est à eux qu'on a dû l'asservissement du midi de la France ; ils suivirent avec une fanatique obéissance les ordres de leurs supérieurs, et furent les principaux artisans du malheur de leur patrie. A leur voix reparurent ces lugubres figures de g3, ignorées de la génération actuelle : on les vit parcourir les rues avec leur œil hagard et leur regard sinistre. On entendit de nouveau les vociférations des cannibales de septembre ; les chants de mort, l'égalité, la liberté, reparurent avec leurs hideux satellites, et ce furent des guerriers français, des hommes qui parlaient toujours de leur honneur et de leur fidélité, qui ne rougirent pas de s'avilir au point de devenir les compagnons des bourreaux de leur patrie !.... Ma plume se fatiguerait à peindre les horreurs partielles, et cette incroyable suite de trahisons dont le midi a été la victime. J'ai indiqué les moyens dont se sont servis les conspirateurs, je me bornerai à en peindre rapidement les résultats.

La duchesse d'Angoulême était encore à Bordeaux ; un gouvernement central s'organisait à Toulouse, sous les ordres de deux hommes recommandables par leur dévouement et leur loyauté. Le duc d'Angoulême partait de Nismes à la tête de volontaires pleins d'ardeur et de quelques régimens de troupe de ligne. Hélas ! parmi ces régimens, un seul resta fidèle, et le nom du dixième, Colonel général, passera seul avec honneur à la postérité !... Le dévouement du midi était entier, de nombreux bataillons se formaient successivement ; chacun suivait la direction qui

lui était assignée. Les dons volontaires, les enrôlemens se succédaient les uns aux autres ; l'enthousiasme était au comble, et l'attitude du midi
put faire espérer un moment qu'il serait le sau-
veur de la France. Le peuple des grandes villes
était bon, les gardes nationales animées du meilleur esprit. Tout à coup on apprend à Toulouse
que les troupes qui étaient à Bordeaux ont été in-
sensibles à la voix de la fille de Saint Louis, et
que c'est en vain qu'elle a cherché parmi elles des
soldats français ; que les généraux, la veille à ses
genoux, trahissaient la foi jurée au fils d'Henri IV,
et que la fille de vingt rois avait été forcée de
s'exiler du milieu d'un peuple brave et fidèle,
comprimé par les baïonnettes des parjures. Les
généraux qui commandaient à Toulouse, objets
de crainte pour le peuple, étaient depuis long-
temps désignés comme des traîtres, et ce même
peuple demandait hautement leur tête. Le caractère noble et la loyale confiance des chefs du
Gouvernement central fut la sauve - garde de
leurs vies ; et tandis que l'âme fière et élevée de
ces chevaliers français rejetait toute idée de trahison, ils se virent, dans le silence d'une nuit
obscure, saisis et arrêtés dans leurs demeures ;
les postes de la garde nationale assaillis, refoulés
par les troupes qui étaient dans la ville et par

celles qu'on y avait clandestinement introduites, menacés par l'artillerie qu'on avait placée sur tous les points principaux, ces postes, dis-je, ne purent opposer aucune résistance, tant la trahison avait été bien conduite. Le maréchal Pérignon avait, depuis trois jours, le commandement de la dixième division militaire; il faut dire qu'il fut totalement étranger à cette infâme manœuvre, que les généraux chefs du complot se méfièrent de lui en raison de sa loyauté connue, et que, lorsque cette œuvre des ténèbres fut exécutée, il reprocha avec énergie à ces troupes déshonorées leur lâcheté et leur parjure. La chute de Toulouse avait immédiatement suivi celle de Bordeaux; les conspirateurs avaient leurs jours, leurs heures fixés : partout où il se trouvait des troupes, partout elles agirent avec un ensemble parfait, et Toulouse une fois assujetti, toutes les villes qu'il couvrait se virent dans vingt-quatre heures la proie d'une révolution militaire. Le midi avait quelques préfets fidèles et énergiques (*), mais leurs efforts furent vains, le militaire fut partout le même ; partout il se fit un honneur d'être parjure, et d'exhorter à

(*) Trois Villeneuve, MM. de Vérigny, Carère, d'Antin, Trouvé et quelques autres.

la licence et au désordre ces êtres insensés et corrompus qui se trouvent toujours en nombre dans une grande réunion d'hommes, et qui, ne voulant que le trouble et l'anarchie, secondèrent volontiers les intentions de ceux qui leur rappelaient et leur promettaient toutes les jouissances de la liberté et de l'égalité.

Une fois que les conspirateurs virent le succès de leur odieuse trame, ces mêmes généraux qui avaient renouvelé leurs sermens de fidélité entre les mains de M. le duc d'Angoulême, réunirent leurs dignes compagnons d'armes pour marcher contre ce prince qui s'avançait vers Lyon après avoir fait des prodiges de valeur. Jaloux de remplir jusques au bout leur coupe d'iniquité, ils s'empressèrent de prouver à leur digne chef qu'il n'était pas le seul qui eût soif du sang des Bourbons, et ils marchèrent contre le fils d'Henri IV. Qu'on n'attende pas de moi la liste de ces âmes de boue qui rivalisèrent entr'elles d'infamie; je détourne mes yeux de cet horrible tableau. Le dixième régiment de ligne resta seul fidèle au panache blanc; seul, il soutint ces valeureux volontaires, jaloux de mourir près de leur prince, et qui pouvaient encore devenir l'effroi du Corse, lorsque le troisième régiment d'artillerie ne répondit aux ordres de M. le duc d'Angoulême qu'en menaçant de tourner ses pièces contre lui. Alors, trahi par ces nouveaux lâches, le prince qui avait noblement prouvé que sa vie comptait pour peu de chose, et qui était, comme Henri IV, avare du sang français, ne voulut pas compromettre inutilement l'existence de ceux qui lui restaient fidèles, mais qui n'avaient plus ni artillerie, ni point de retraite, et qui se voyaient entourés par des forces supérieures. Il capitula donc, et le dévouement du pays dans lequel il était fut tellement redoutable aux traîtres que, malgré l'immense supériorité de leur nombre et de leurs moyens, ils furent obligés de laisser échapper cette noble proie qu'ils avaient tant convoitée. Le Corse s'est fait depuis un honneur de cette capitulation, mais la France sait la vérité, et l'Europe connaît le père du mensonge. En se retirant, le duc d'Angoulême a vu couler partout les larmes de ce peuple que les gazettes ont peint comme voulant le déchirer, et les nations étrangères, je le suppose, qui ont eu, comme nous, leurs jours d'asservissement sous le Corse, savent aussi-bien que nous à quoi s'en tenir sur ce qu'il fait imprimer.

La trahison qu'éprouva M. le duc d'Angoulême comprima dans le midi l'énergie et les espérances des royalistes ; sans chefs, sans centre d'opération, sans moyens de se réunir, ils furent obligés de se retirer chez eux, et de subir la loi de l'usurpateur. Marseille même, qui avait jusqu'au dernier moment fait les plus nobles efforts, fut contrainte de recevoir les émissaires du tyran, (mais elle eut du moins l'honneur de tomber la dernière), et le midi n'eut bientôt plus d'espérances que dans la détermination que prendraient les puissances étrangères. Il est cependant une remarque bien frappante à faire, c'est que, malgré la sinistre magie attachée au nom de Buonaparte, malgré l'empire que lui donnait une trahison qui s'étendait depuis la plus obscure cabane jusqu'au palais du riche corrompu, malgré toutes les idées révolutionnaires dont il avait développé le poison dans les campagnes, dans ce même moment où son armée semblait devoir lui donner une force prodigieuse, son pouvoir réel était de beaucoup moins fort qu'il ne l'était dans les derniers jours qui précédèrent la restauration. La France offrait le spectacle d'une nation asservie, mais non soumise; le silence effrayant de la terreur avait seul accueilli partout la promulgation des lois de l'homme de l'île d'Elbe; nul enthousiasme ne s'était manifesté, et les vociférations de quelques gens choisis et payés dans la lie du peuple, avaient, dans plusieurs endroits, été le seul indice de la joie publique. Dans quelques autres endroits on avait vu le bourreau porter en triomphe le buste du Corse, suivi de quelques Jacobins de la plus basse classe et de quelques unes de ces marionnettes à révolution en qui la lâcheté et l'égoïsme ont ôté toute espèce d'énergie. Les autorités envoyées par Buonaparte voyant elles-mêmes l'opinion publique, et prévoyant une punition prochaine de cette série de sottises gigantesques qui avaient fatigué le monde, tremblantes du pouvoir que les Jacobins semblaient s'arroger, et redoutant en même temps l'esprit bien prononcé des royalistes, ces autorités, dis-je, hésitaient ; leurs mesures étaient lentes, sans force, et la conscience affichée de leur faiblesse, redoublait l'espérance des sujets fidèles. A peine un jour, succédait à l'autre, que la partie de ce peuple qui avait été un moment égarée, revenait à elle-même par la comparaison du bien qu'elle avait perdu, avec les maux qu'on lui avait apportés ; les demandes d'hommes, les nombreuses levées vinrent bientôt l'éclairer tout-à-fait ; les murmures furent publics, personne ne voulait marcher, chacun redemandait le fils d'Henri IV, et, quinze jours après l'asservissement des provinces, on pouvait s'étonner de la faiblesse de ce gouvernement qui n'avait plus pour lui que les vœux de quelques scélérats effrénés et les pouvoirs de ces traîtres qui commençaient eux-mêmes à redouter la suite de leur conduite déloyale.

J'ai prouvé, je crois, qu'on ne doit regarder les événemens qui ont rendu Buonaparte un instant maître de la France, que comme la révolution des baïonnettes contre l'opinion méditée par les Jacobins, par ces hommes avides de sang et d'anarchie. Le crime a trouvé son appui dans l'épée du guerrier, c'est au guerrier seul qu'en appartient la honte. Mais, je le répète, il serait aussi d'une bien grande injustice d'établir que toute l'armée a trahi le Roi ; il s'est trouvé beaucoup de soldats fidèles, et quand la vérité sera entièrement connue, le bon grain sera séparé de l'ivraie. Que la reconnaissance de la nation, que les bontés du souverain entourent ces hommes dignes d'éloges ; que la France s'honore de la loyauté de ces guerriers qui ont conservé le dépôt de l'Arche Sainte, et que ceux que l'honneur a séparés du parjure, fassent oublier la honte dont se sont couverts ces hommes devenus l'opprobre de leur pays !!! Tels sont les vœux des bons Français, telles seront, je l'espère, les intentions de ces peuples généreux qui viennent une seconde fois au secours de la France et des fils de Saint Louis.

J'ai fini la tâche que je m'étais imposée ; j'ai tracé sans passion, mais non sans douleur, les maux de ma patrie, et j'ai prouvé, j'espère, qu'elle était innocente de la perfidie de quelques hommes. Hélas ! naguère toute au bonheur, sous les bienfaisantes lois du souverain légitime, l'avenir s'ouvrait devant elle sous les couleurs les plus riantes : les crimes, les erreurs, les souffrances, la misère, au nom de son Roi, tout avait été oublié ; le passé perdait ses horribles souvenirs, comme on voit au moment d'un doux réveil s'enfuir les ombres effrayantes d'un rêve malheureux ; tout prenait une face nouvelle ; le repos eût bientôt éteint quelques légères nuances d'opinions, seul et unique reste de notre sanglante révolution ; tout nous faisait marcher à grands pas vers le repos du monde. Une horrible trahison nous a replongés dans un gouffre d'infortunes dont la profondeur est incalculable. Puisse le ciel qui se montra si souvent le protecteur de cette belle France, nous tendre encore une main secourable au bord de l'abîme ! puisse ce roi réclamé par son peuple être encore l'ange tutélaire qui se mette à la tête des nations irritées ! Si les phalanges ennemies nous ramènent ce Monarque vertueux, la chute de l'oppresseur sera prompte ; sa gigantesque et vaine puissance croulera bientôt à l'aspect des fils de Saint Louis ; pour une si belle cause le Français réunira son bras à celui de l'étranger, et se lavera ainsi de l'opprobre qu'a imprimé à la nation l'horrible perfidie de ceux qui auraient dû être les soutiens du trône et de la France.

Mais si nous sommes encore destinés à voir régner sur nous celui que nos vœux appellent, si ce monarque tant éprouvé doit encore remonter sur le trône de ses pères, qu'il permette à un sujet fidèle de rappeler ici une vérité qui est de tous les temps et de tous les lieux : *L'homme égaré peut quelquefois revenir à lui, l'homme profondément vicieux ne se corrige jamais. Il est des degrés dans le mal, il en est dans le crime. Lorsque l'on est parvenu à cet effroyable point de perversité où nous voyons ces hommes chez qui tout sentiment d'honneur est éteint, une bonté extrême dans un monarque est le présage d'une série de maux incalculables. Avant d'être bon, il faut être juste.* Cette vérité est éternelle comme le Dieu dont elle émane..... Loin de moi l'idée d'appeler de nouveaux malheurs sur mon infortunée patrie; c'est au contraire pour lui en éviter de plus grands que j'invoque ici, non le jour des vengeances, mais celui de la justice; la déloyauté, le parjure, la révolte, le meurtre, ne doivent ni ne peuvent rester impunis. Un Roi peut oublier les injures qui lui sont personnelles, mais il ne lui appartient pas de pardonner les crimes qui sont un outrage à toutes les lois divines et humaines. Image de Dieu sur la terre, il doit, avant tout, être juste comme lui : il a dans ses mains la récompense de la vertu et la punition du vice. Tant que cette vérité sera écartée par une clémence exagérée, tant que Louis XVIII consultera, j'ose le dire, plutôt son cœur que son devoir, jamais il ne sera véritablement assis sur le trône d'Henri IV, et sa puissance ne datera que du jour où la morale sera satisfaite, où la religion sera triomphante, où le crime sera puni, et où le pardon accordé à l'erreur ne sera pas un gage d'impunité pour des forfaits à venir.

DE L'IMPRIMERIE DE J. GRATIOT.

* 9 7 8 2 0 1 2 4 8 1 5 3 4 *